Georgios Dimoulis, Daniel Mandic

IT-Organisation

Theoretische Annäherung und Herausforderungen

GRIN Verlag

Bibliografische Information der Deutschen Nationalbibliothek:

Die Deutsche Bibliothek verzeichnet diese Publikation in der Deutschen National-
bibliografie; detaillierte bibliografische Daten sind im Internet über http://dnb.d-
nb.de/ abrufbar.

Dieses Werk sowie alle darin enthaltenen einzelnen Beiträge und Abbildungen
sind urheberrechtlich geschützt. Jede Verwertung, die nicht ausdrücklich vom
Urheberrechtsschutz zugelassen ist, bedarf der vorherigen Zustimmung des Verla-
ges. Das gilt insbesondere für Vervielfältigungen, Bearbeitungen, Übersetzungen,
Mikroverfilmungen, Auswertungen durch Datenbanken und für die Einspeicherung
und Verarbeitung in elektronische Systeme. Alle Rechte, auch die des auszugsweisen
Nachdrucks, der fotomechanischen Wiedergabe (einschließlich Mikrokopie) sowie
der Auswertung durch Datenbanken oder ähnliche Einrichtungen, vorbehalten.

Impressum:

Copyright © 2011 GRIN Verlag GmbH
Druck und Bindung: Books on Demand GmbH, Norderstedt Germany
ISBN: 978-3-656-24153-9

Dieses Buch bei GRIN:

http://www.grin.com/de/e-book/197911/it-organisation

Bibliografische Information der Deutschen Nationalbibliothek:

Die Deutsche Bibliothek verzeichnet diese Publikation in der Deutschen National-
bibliografie; detaillierte bibliografische Daten sind im Internet über http://dnb.d-
nb.de/ abrufbar.

Impressum:

Copyright © 2011 GRIN Verlag GmbH
Druck und Bindung: Books on Demand GmbH, Norderstedt Germany
ISBN: 978-3-656-24153-9

Dieses Buch bei GRIN:

http://www.grin.com/de/e-book/197911/it-organisation

GRIN - Your knowledge has value

Der GRIN Verlag publiziert seit 1998 wissenschaftliche Arbeiten von Studenten, Hochschullehrern und anderen Akademikern als eBook und gedrucktes Buch. Die Verlagswebsite www.grin.com ist die ideale Plattform zur Veröffentlichung von Hausarbeiten, Abschlussarbeiten, wissenschaftlichen Aufsätzen, Dissertationen und Fachbüchern.

Besuchen Sie uns im Internet:

http://www.grin.com/

http://www.facebook.com/grincom

http://www.twitter.com/grin_com

FOM Hochschule für Oekonomie & Management Frankfurt

University of Applied Sciences

Berufsbegleitender Studiengang: Wirtschaftsinformatik

2. Fachsemester

Seminararbeit für Fallstudie 1

Thema: IT-Organisation

Autor: Georgios Alkinoos Dimoulis   Daniel Mandic

Abgegeben am:

Frankfurt, den 24.06.2011

Inhaltsverzeichnis

Abkürzungsverzeichnis

Abb.	Abbildung
AG	Aktiengesellschaft
BS	British Standard
BSI	British Standard Institution
bzw.	beziehungsweise
CCTA	Central Computer and Telecommunication Agency
CEO	Chief Executive Officer
CFO	Chief Financial Officer
CIO	Chief Information Officer
CMMI	Capability Maturity Model Integration
COBIT	Control Objectives for Information and related Technology
CPO	Chief Process Officer
CPU	Central Processing Unit
ebda	ebenda
ERP	Enterprise Resource Planning
et.al	und andere
GmbH	Gesellschaft mit beschränkter Haftung
Hrsg.	Herausgeber
ICT	Information and Communication Technology
IM	Informationsmanagement
IS	Informationssysteme
ISACF	Information Systems Audit and Control Foundation
ISO	Internationale Organisation für Normung
IT	Informationstechnologie
ITIL	Information Technology Infrastructure Library

KG	Kapitalgesellschaft
KPI	Key-Performance-Indikatoren
o.V.	ohne Verfasser
OGC	Office of Government Commerce
Providermngt.	Providermanagement
Rewe	Rechnungswesen
S.	Seite
Strategie/FE	Strategiefestlegung
usw.	und so weiter
Vgl.	Vergleich
z.B.	zum Beispiel

Abbildungsverzeichnis

1 Einleitung- Zielsetzung und Vorgehen

Die Informationstechnologie (IT) ist heutzutage von Unternehmen nicht mehr wegzudenken. Das Wachstum eines Unternehmens hängt auch gleichzeitig mit dem Wachstum der IT zusammen. Dies spiegelt sich insbesondere dadurch wider, dass bei starkem Wachstum, Geschäftsprozesse optimiert werden müssen. Gerade in kleinen und mittelständigen Unternehmen ist eine ordentliche IT-Organisation ausschlaggebend für eine erfolgreiche Zukunft des Unternehmens.

Im Rahmen der vorliegenden Seminararbeit für die Fallstudie 1 wird im Folgenden der Begriff der IT-Organisation behandelt.

In Kapitel 2 wird die IT-Organisation als Teilgebiet der IT-Governance behandelt. In Folge dessen wird eine kurze Definition der IT-Governance angeführt, ihre Bestandteile und Ziele angerissen, sowie der Zusammenhang der IT-Organisation und der IT-Governance erläutert. Der Schwerpunkt der Facharbeit liegt in Kapitel 3, in welchem eine theoretische Annäherung an die IT-Organisation unternommen wird. Auch hier beginnt das Kapitel mit einer Definition, die Bestandteile der IT-Organisation werden besprochen, sowie ihre Ziele und Vorteile aufgezeigt. Das 4. Kapitel behandelt die Herausforderungen, denen die IT-Organisation vor allem in der Praxis begegnet. Um diese aufzuzeigen werden Anwendungsbeispiele beschrieben, die IT-Organisation als unumgängliche Unternehmensstrategie argumentiert und ein kurzer Ausblick auf die Zukunft der IT-Organisation gewagt. Das Resümee und der Ausblick werden in Kapitel 5 formuliert. Es folgt das Literaturverzeichnis.

2 IT-Organisation als Teilgebiet der IT-Governance

2.1 Definition der IT-Governance

„'Governance' bedeutet wörtlich übersetzt etwa ‚Steuerung' oder ‚Herrschaft' und beschreibt das Steuerungs- und Regelsystem einer organisatorischen Einheit, zum Beispiel eines Unternehmens oder einer öffentlichen Einrichtung entweder im Allgemeinen oder auf die IT bezogen."[1]

---

[1] Rüter/Schröder(2010), S.183

Die IT-Governance ist ein Bestandteil der „Corporate Governance", welche im Unternehmen die Aufgabe hat, die Interessen aller an einer Organisation Beteiligten zusammenzuführen und umzusetzen, um langfristig davon zu profitieren, sollte aber nicht grundsätzlich zu einer Erhöhung des „Shareholder Values"(Der Begriff „Share" könnte sinngemäß mit „Anteil" und „Holder" mit „Eigentümer" übersetzt werden, somit lässt sich der Begriff so verstehen, dass ein Anteilseigner einen bestimmten Teil des Eigenkapitals eines Unternehmens hält)[2] führen, jedoch sollte es mittel- und langfristig Ziel sein, dies zu erfüllen.[3]

2.2 Bestandteile und Ziele der IT-Governance

Das Ziel der IT-Governance ist es hauptsächlich, eine Reihe von Regeln aufzustellen, um damit die gesamten IT-Anstrengungen einer Organisation als Ganzes zu betrachten.[4] IT-Governance hat unter anderem das Ziel, die Rolle der IT im Unternehmen zu unterstützen und zu einem Faktor der Wertschöpfung beizutragen.[5]

Um dieses Organisationsmodell strukturiert darzustellen, wird die IT-Governance nach Masak in unterschiedliche Bestandteile unterteilt, welche sich wie folgt gliedern:[6]

- IT-Dashboard (Das IT-Dashboard soll Daten die ausgewählt werden, verständlich und in einem gut lesbaren Format aufzeigen.[7])
- IT-Portfoliomanagement (Das IT-Portfolimanagement ist eine Bewertung von neuen IT-Projekten oder Wartungsprojekten und deren Steuerung.[8])
- Balanced Scorecard (Die Balanced Scorecard ist ein vorteilhaftes Instrument für das Management zur Ausrichtung einer Handlung für eine Zielfindung in einem Unternehmen[9])
- IT-Reviewboards (Das IT-Reviewboard ist eine Risikoklasse, die über den Aufbau des Review Boards entscheidet, das eine Repräsentierung eines Unternehmens aufzeigt.[10])

[2] Vgl. Skrzipek(2005), S.9
[3] Vgl. Masak(2006), S.25
[4] Vgl. ebda, S.25
[5] Vgl. Fröhlich/Glasner(2007), S.83
[6] Vgl. Masak(2006), S.25
[7] Vgl. Hannabarger/Buchman/Economy(2008), S.130
[8] Vgl. Tiemeyer(2007), S.398
[9] Vgl. Friedag/Schmidt(2007), S.11
[10] Vgl. Kalkowski/Mickler(2009), S.54

- IT-Investmodelle (Das IT-Investmodell kann alle Systemaspekte abbilden, die innerhalb des Investmentbank-Systems eine Rolle spielen.[11])

Des Weiteren durchläuft die IT-Governance in der gesamten Organisation einen ständigen Zyklus, worauf die folgenden Punkte laut Masak als selbständig betrachtet und in folgende Schritte unterteilt werden:[12]

- IT-strategisches Alignment
- IT-Value-Delivery
- IT-Risikomanagement
- IT-Performance-Management

IT-strategisches Alignment wird von Fröhlich/Glasner „Stratic Alignment" genannt und soll die Leistungen der IT in Art, Umfang und Qualität optimal auf die Erfordernisse des Unternehmens ausrichten, zudem bleibt dieses Modell auch erhalten, wenn die Rahmenbedingungen des Unternehmens und somit auch die IT-Unterstützung sich verändern.[13]

Die Domäne Value Delivery soll laut Fröhlich/Glasner die Gestaltung als klar definierte IT-Services mit tiefer Integration in die Geschäftsprozesse sowie Verwendung anerkannter und etablierter Standards anstatt nicht standardisierter Individuallösungen und Überprüfung aller Prozessschritte, Aktivitäten, Notwendigkeiten und Wertbeiträge verstehen.[14] Neben Fröhlich/Glasners Aussage werden laut Masak neben klassischen Ressourcen wie Arbeitszeit oder CPU-Leistungen auch Services strategisch gesteuert.[15]

Der Begriff Risikomanagement für die IT beschäftigt sich neben sicherheitsrelevanten Risiken auch mit Projektrisiken.[16] Außerdem sind die Erkennung, Überwachung und Vermeidung von IT-Risiken Ziele des Risikomanagements, oder auch „Risk Management" genannt, das verhindern soll, dass die Existenz des Unternehmens gefährdet wird.[17] Die Aufgaben liegen darin, vollständige IT-Prozesse und Gestaltung der

---

[11] Vgl. Strüver(2006), S.151
[12] Vgl. Masak(2006), S.25
[13] Vgl. Fröhlich/Glasner(2007), S.83
[14] Vgl. ebda, S.83
[15] Vgl. Masak(2006), S.25
[16] Vgl. ebda, S.25
[17] Vgl. Fröhlich/Glasner(2007), S.83

IT-Prozesse mit Kontrollen zur Erkennung von Fehlern zu erstellen und weitere Prozesse zur Überwachung, Kontrolle und zur Risikofrüherkennung einzuführen.[18]

IT-Performance-Management befasst sich mit der laufenden Überwachung sowie mit der Entwicklung.[19] Unter anderem werden im IT-Performance-Management Aufgaben erfüllt, wie die Festlegung und Überwachung der Qualitätsmerkmale von IT-Services sowie der Abgleich von Kennzahlen und Indikatoren mit den zuvor festgelegten Zielen, wo bei abweichenden Zielen in diesem Prozess Maßnahmen zur Korrektur vorgenommen werden.[20]

Untenstehende Abbildung zeigt den Zyklus der IT-Governance in der gesamten Organisation.

Abb. 1: Zyklus der IT-Governance

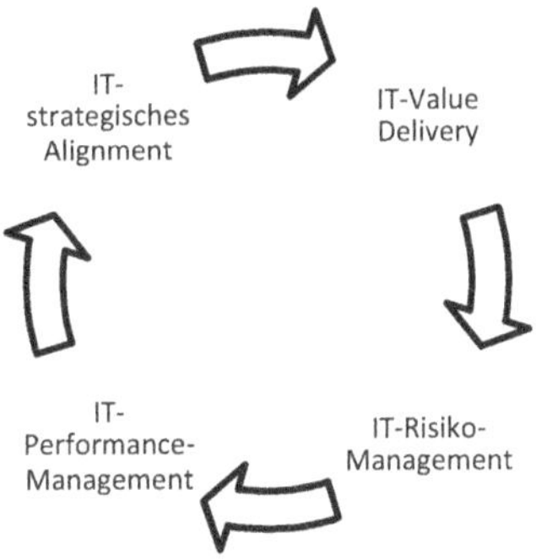

Quelle: Masak(2006), S.26

In Abbildung 1 wird ein permanenter Kreislauf der Bestandteile der IT-Governance in der gesamten IT-Organisation gezeigt. Hierbei ist zu sehen, dass die einzelnen Bestandteile voneinander abhängig sind, da das IT-strategische Alignment für den Aufbau von Leistungen der IT verantwortlich ist. Der nächste Schritt ist das IT-Value Delivery, das für die Überwachung innerhalb der IT-Governance verantwortlich ist. Darauf aufbauend ist das IT-Risiko-Management für die Risikofrüherkennung und das IT-Performance-

---

[18] Vgl. Fröhlich/Glasner(2007), S.83
[19] Vgl. Masak(2006), S.25
[20] Vgl. Fröhlich/Glasner(2007), S.83

Management für die Umsetzung von festgelegten Zielen zuständig. Das heißt, falls ein Bestandteil wegfällt, bricht der ganze Zyklus der IT-Governance in sich zusammen.

„Geht es darum, den Reifegrad einer IT-Organisation zu verbessern, handelt es sich um einen Prozess, bei dem Systematiken, die bereits bestehen, optimiert und ergänzt werden, um von einer Ausgangslage auf eine höhere Stufe zu gelangen, wobei typischerweise diese Entwicklungsstufen unter Nutzung von Reifegradmodellen bewertet werden."[21]

Ein weitgehend optimaler Prozess wird also als „reif" bezeichnet, was die Anzahl der möglichen organisatorischen Grundkonfiguration erhöht.[22]

Abb. 2: Wahl der richtigen Organisationsform

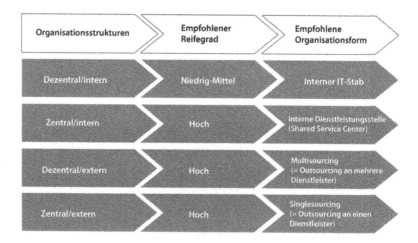

Quelle: Fröhlich/Glasner(2007), S.146

In Abbildung 2 wird auf die richtige Wahl der Organisationsform eingegangen und die dezentrale- bzw. die zentrale IT-Organisation in intern und extern unterschieden und aufgezeigt. Bei der dezentralen(internen) IT-Organisation wird ein niedriger bis mittlerer

---

[21] Fröhlich/Glasner(2007), S.145
[22] Vgl. ebda, S.145

Reifegrad und ein interner IT-Stab als Organisationsform empfohlen. Im Gegensatz dazu ist bei der dezentralen (externen) Organisationsform ein hoher Reifegrad und ein Multisourcing (Outsourcing an mehrere Dienstleister) empfohlen. Des Weiteren wird in eine interne und externe zentrale IT-Organisation untergliedert. Sowohl bei der internen als auch bei der externen zentralen IT-Organisationsform, wird ein hoher Reifegrad empfohlen. Der einzige Unterschied ist, dass bei dem internen, eine interne Dienstleistungsstelle (Shared Service Center) und bei der externen ein Singlesourcing (Outsourcing an einen Dienstleister) als Organisationsform empfohlen wird.

2.3 Eingliederung der IT-Organisation in die IT-Governance

Unter dem Begriff der IT-Governance wird nach Andenmatten eine Organisation verstanden, die die Steuerung der IT übernimmt, um ein Geschäftsziel im Unternehmen zu erreichen, wobei dabei wichtig ist, IT-Prozesse in einen reibungslosen Ablauf und eine ständig wachsende Verbesserung in der IT-Organisation zu integrieren.[23]

Die Eingliederung der IT-Governance ist nur dann von Nutzen, wenn das IT-Prozessmanagement auf die jeweilige Organisation abgestimmt ist und ein Regelwerk in Form von Umsetzungsplänen, Prozessen und Verfahren abgestimmt ist.[24] Die IT-Organisation gliedert sich in die IT-Governance ein, da alle Dienstleistungen, die die IT-Organisation beinhaltet, in Geschäftseinheiten als IT-Service erbracht werden.

IT-Governance ist ein Bestandteil der Geschäftsführung und besteht aus Führung, Organisationsstrukturen und Prozessen, die eine Unterstützung der IT bei den vorgegebenen Unternehmenszielen erbringt.[25] Daraus folglich erklärt Rüter/Schröder, dass die IT-Governance eine Gesamtaufgabe der IT-Organisation ist.

---

[23] Vgl. Andenmatten(2008), S.22
[24] Vgl. ebda, S.22
[25] Vgl. Rüter/Schröder(2010), S.22

3 Theoretische Annäherung an die IT-Organisation

3.1 Definition der IT-Organisation

Die IT-Organisation ist an Datenverarbeitungssystemen ausgelegt, was dazu führt, dass die Fachbereiche mit vielen IT-Problemen zu kämpfen haben, aber auch Detailverständnis der Geschäftsanforderungen des jeweiligen Fachbereichs geben.[26] In der IT-Organisation wird besonders auf eine ordnungsgemäße Dokumentation eingegangen, welche als Grundlage für jedes Arbeiten gerade in der Prüfung und Entwicklung bezeichnet wird, die auch gleichzeitig als Resultat für das Gesamtinteresse eines Unternehmens und eines jeden Mitarbeiters steht.[27] Durch eine Qualitätsschaffung in der Programmentwicklung soll nicht nur eine saubere Softwareentwicklung geschaffen werden, sondern auch eine gute Wartbarkeit und Klarheit, außerdem soll eine sauber geführte Dokumentation eine schnelle Fehlererkennung und -behebung insbesondere den Kostenfaktor minimieren und dies in einem Handbuch darstellen.[28] Daraus resultierend wird gerade durch eine saubere Dokumentation eine gute und erfolgreiche IT-Organisation gewährleistet.

Die IT-Organisation geht auf alle Fragen bezüglich der ICT-Unterstützung („Dieser eher allgemeine Begriff umfasst sowohl die Herstellung, Lieferung und Installation von Hard- und Software, als auch deren Betrieb")[29] ein, da sie gegenüber Fachbereichen als beratende Instanz gegenübertritt, außerdem tritt die IT-Organisation den Fachbereichen als Auftragnehmer gegenüber und geht somit auf die Wünsche und Bedürfnisse ein, um daraus eine Problemlösung zu entwickeln.[30]

Die IT-Organisation gibt einen organisatorischen Rahmen vor, der zur Strukturierung von IT-Prozessen und bei Grundsatzentscheidungen der Organisation in der IT-Abteilung hilft, dabei wird darauf geachtet in wie weit die eigene Organisation Leistungen erbringen kann und eventuell externe Hilfe benötigt.[31] Daraus lässt sich schnell erkennen ob und wie Beziehungen zu externen Dienstleistern gestaltet werden.

[26] Vgl. Scheer(Hrsg.)(1998), S.176
[27] Vgl. Winkelhofer(2005), S.295
[28] Vgl. ebda, S.295
[29] Karer(2007), S.116
[30] Vgl. Badertscher/Gubelmann/Scheuring(2006), S.135
[31] Vgl. Wind/Kröger(Hrsg.)(2006), S.165

8

Krallmann/Schönherr/Trier verstehen die Aufgaben der IT-Organisation wie folgt:[32]

Die Aufgabe der IT-Organisation besteht darin, die Gewährleistung der Geschäftsprozesse in einem Unternehmen mit Hilfe von informationstechnologischer Unterstützung aufrecht zu erhalten.

Die Aufgaben sind in strategische, taktische und operative Aufgaben unterteilt und sind je nach Unternehmen mehr oder weniger vorhanden.

Die Grundlage bildet die Informationsstrategie, welche von dem IT-Management erstellt wird. Sie enthält folgende Vorgaben über die:

- Eingesetzten Informationssysteme (IS-Strategie)

- Architektur und Infrastruktur (IT-Strategie)

- Managementprozesse innerhalb der IT-Organisation (IM-Strategie)

3.2 Bestandteile der IT-Organisation

Laut Fröhlich/Glasner wird die IT-Organisation in zwei große Bereiche unterteilt, welche in die zentrale und dezentrale IT-Organisation differenziert werden.[33] Bei der zentralen IT-Organisation werden von einer zentralen IT-Stelle die operativen IT-Aufgaben durchgeführt, wobei die Größe des Unternehmens für die Entscheidung der Auswahl der Organisationsform ausschlaggebend ist.[34] Bei größeren Unternehmen entstehen durch die Zentralisierung der IT eher Nachteile, da es zu Koordinations- und Transaktionskosten kommt, weshalb diese Art der Organisation meist nur bei kleineren Firmen vorzufinden ist.[35]

Die zentrale IT-Organisation hat Vor- und Nachteile. Vorteile sind unter anderem die leichtere Durchsetzung von IT-Strategien und Standards, Vermeidung von Überkapazitäten, Konzentration von Know-How sowie der wirtschaftliche Einsatz von Spezialisten.[36]

[32] Vgl. Krallmann/Schönherr/Trier(2007), S.282
[33] Vgl. Fröhlich/Glasner(2007), S.151
[34] Vgl. Compendio-Autorenteam(o.V.)(2009), S.154
[35] Vgl. ebda, S.154
[36] Vgl. ebda, S.154

Den Vorteilen stehen folgende Nachteile gegenüber: Eine geringe Flexibilität und Nähe zu den Benutzerproblemen, eine eingeschränkte Anatomie der Benutzer durch die Verpflichtung, IT-Dienstleistungen intern zu beziehen, sowie dass der Support vor Ort von der Fachabteilung durchgeführt werden muss, da eine schnelle Verfügbarkeit des IT-Support nicht möglich ist.[37]

Die folgende Abbildung zeigt den Aufbau der zentralen IT-Organisation mit deren Elementen und ihrer Aufteilung:

Abb. 3: Aufbau der zentralen IT-Organisation

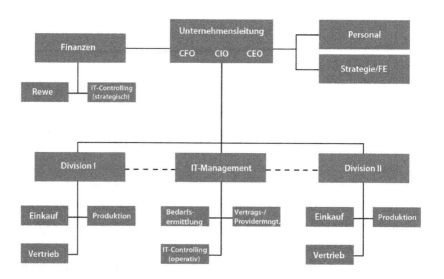

Quelle: Fröhlich/Glasner(2007), S.151

In Abbildung 3 wird der genaue Aufbau der zentralen IT-Organisation dargestellt. Angefangen von der Unternehmensleitung, die sich in den CFO, den CIO und den CEO unterteilt. Auf die genauere Begriffsdefinition der oben genannten Unternehmensleitungsbestandteile wird im Laufe dieses Kapitels noch kurz darauf

---

[37] Vgl. Compendio-Autorenteam(o.V.)(2009), S.154

10

eingegangen. Der CEO ist in der zentralen IT-Organisation für das Personal sowie für die Strategie zuständig. Der CFO dagegen ist für die Finanzen zuständig, die sich noch in das Rewe (Rechnungswesen) und das strategische IT-Controlling unterteilen. Der wichtigste Unternehmensbestandteil der zentralen IT-Organisation ist der CIO, der für das IT-Management zuständig ist, das sich in zwei Divisionen unterteilt. Das IT-Management beinhaltet unter anderem die Bedarfsermittlung, das Vertrags-/Providermanagement, und das operative IT-Controlling. Je nach Entscheidung des CIO, wird eine der beiden Divisionen ausgewählt, wobei beide dieselben Bestandteile aufweisen, nämlich den Einkauf, Vertrieb und Produktion. Abschließend ist aus der Abbildung abzulesen, dass die zentrale IT-Organisation rund um die Unternehmensleitung aufgebaut ist, und der CIO den größten Aufgabenbereich besitzt.

Badertscher/Gubelmann/Scheuring verstehen die dezentrale IT-Organisation wie folgt:[38]

Die dezentrale IT-Organisation ist eine geschlossene Einheit, die alle Aufgaben über Architektur, Planung und Anwendungsentwicklung übernimmt. Diese Art der IT-Organisation findet man gerade in kleinen und mittelständigen Unternehmen. Im Gegensatz zur zentralen IT-Organisation bildet die dezentrale IT-Organisation in allen Fachbereichen eine eigene Organisation, so dass sie Supports übernehmen und Kundenwünschen schneller und besser nachkommen können.

Auch bei dieser Organisationsform gibt es sowohl Vorteile als auch Nachteile. Die Vorteile spiegeln sich in der Kundennähe und damit dem Engagement der Informatik für die Kundenbedürfnisse wider. Ein weiterer Vorteil dieser Organisationsform ist, dass eine lokal erhöhte Fachkompetenz existiert und eine schnellere Entscheidungsfindung bei bereichsspezifischen Angelegenheiten erfolgen kann. Zwei Nachteile, die diese Organisationsform jedoch beinhaltet sind die Mehrfachbelegung gleicher Funktionen, was zu einem Kostenanstieg führt und einen damit verbundenen zusätzlichen administrativen Koordinationsaufwand mit sich bringt.

Des Weiteren gibt es noch andere Modelle der IT-Organisation, auf die im Rahmen dieser Arbeit kein Schwerpunkt gelegt wurde, welche jedoch im Folgenden, der Vollständigkeit halber, kurz angeführt werden.

Folgend wird auf die Führungskräfte der IT-Organisation eingegangen:

---

[38] Vgl. Badertscher/Gubelmann/Scheuring(2006), S.164

Der CIO (Chief Information Officer) definiert sich laut Baume als der höchste und direkte Verantwortliche für das Informationsmanagement im Unternehmen und beeinflusst daher sehr stark die technologische und organisatorische Entwicklung eines Unternehmens.[39] Da der CIO eine Führungsperson und dadurch der Geschäftsleitung direkt unterstellt ist, hat er unter anderem die Aufgabe strategische und zentrale Fragen in Zusammenhang mit Konzeption, Aufbau, Betrieb, Nutzung und Abbau von Informations-Technologien im Unternehmen zu übernehmen.[40]

Im Gegensatz dazu wird laut Thielmann der CIO als Generalist der Zukunft für Unternehmen bezeichnet, der besonders komplexe Prozesse durch Technologie zusammenbringt und unterschiedlichste Verfahren nicht nur zwischen den Abteilungen, sondern auch zwischen mehreren Unternehmen zusammenführt.[41]

Des Weiteren sind eine hochentwickelte Kommunikationsfähigkeit, ein weiterentwickeltes Prozessdenken, eine hohe Sozialkompetenz und die Fähigkeit zum Change-Agent im Unternehmen zu werden und aktiv das Change-Management zu betreiben vier Eigenschaften, die die Tätigkeiten eines CIO am anschaulichsten beschreiben, die aber nur zur Geltung kommen, wenn der CIO sich zu einem CPO (Chief Process Officer) wandelt, welcher der Prozesseigner ist und das IT-Management bestimmt, sowie gleichzeitig die Technologie verwaltet.[42] Allerdings berichtet dieser Autor nach unseren Recherchen als Einziger von der Entwicklung des CIOs zum CPO.

Der CFO (Chief Financial Officer) findet in größeren Unternehmen seinen Platz und wird als der Finanzchef im Unternehmen verstanden.[43] Der CEO (Chief Executive Officer) bezeichnet den Leiter eines Unternehmens.[44]

3.3 Ziele und Vorteile der IT-Organisation

Die Mitarbeiter der IT-Organisation sind sehr an der Weiterentwicklung der Technologie interessiert und beteiligt, welche fast ausschließlich durch technische Trainings erfolgt,

---

[39] Vgl. Baume(2009), S.2
[40] Vgl. Königs(2009), S.135
[41] Vgl. Kuhlin/Thielmann(2005), S.371
[42] Vgl. ebda, S.371
[43] Vgl. Guserl/Pernsteiner(Hrsg.)(2004), S.9
[44] Vgl. Deekeling/Arndt(2006), S.7

wo hingegen das IT-Management eine engere Zusammenarbeit mit den restlichen Fachbereichen anstrebt, sodass Beims folgende Ziele definiert hat:[45]

- Effizienzerhöhung der IT-Prozesse
- Verbesserung der Kundenzufriedenheit durch eine schnellere Problembehebung nach einer Betriebsstörung
- Standardisierung der IT-Services für eine wirtschaftlichere IT

Nach Bon/Jong et.al. Behauptung gibt es folgende Vorteile für die IT-Organisation:[46]

Die intensive Fokussierung der Unternehmensziele ergibt sich durch eine effiziente und klar entwickelte Struktur. Die IT-Organisation ist dafür verantwortlich, die Infrastruktur und die Services besser zu kontrollieren und ist somit Veränderungen flexibler gewachsen. Ein weiterer Vorteil ist die erfolgreiche Auslagerung von Elementen der IT-Services, was darauf schließt, dass dadurch eine wirksame Prozessstruktur ermöglicht wird.

Das Leistungsangebot der IT-Organisation wird nicht nur einmalig festgelegt, sondern auch im permanenten Zyklus überprüft und angepasst. Des Weiteren übernimmt eine serviceorientierte IT-Organisation eine individuelle kundenangepasste Betriebs-, Wartungs-, und Supportleistung, die in einem Leistungskatalog genau definiert wird.[47]

4 Herausforderungen der IT-Organisation

4.1 IT-Organisation in der Praxis

Im Rahmen dieses Kapitels wird intensiv auf die IT-Organisationsmodelle ITIL und COBIT eingegangen. Die derzeit bekanntesten und am meisten vertretenen Referenzmodelle sind laut Karer ITIL und COBIT, wobei ITIL etwas weiter verbreitet ist als alle anderen Modelle. Es gibt noch weitere Organisations-Modelle, wie CMMI und BS 15000 / ISO 20000, die im Laufe dieses Kapitels kurz erläutert werden.[48]

---

[45] Vgl. Beims(2009), S.255
[46] Vgl. Bon/Jong et.al.(2008), S.13
[47] Vgl. Badertscher/Scheuring(2007), S.142
[48] Vgl. Karer(2007), S.16

Folgend wird nach Bon/Jong et.al. auf die Entwicklung und Entstehung des ITIL eingegangen:[49]

In den 80er-Jahren war die Servicequalität, die den britischen Regierungsabteilungen von internen als auch von externen IT-Unternehmen geboten wurde, auf einem solchen Niveau, dass die CCTA (Central Computer and Telecommunication Agency, heute Office of Government Commerce, OGC) den Auftrag von der Regierung hatte, eine standardisierte Vorgehensweise für eine effiziente und effektive Bereitstellung von IT-Services zu entwickeln. Diese Vorgehensweise sollte von Lieferanten unabhängig sein und das Ergebnis dieser Anweisung war anschließend die Entwicklung und Veröffentlichung der Information Technology Infrastructure Library (ITIL).

ITIL besteht aus einer Sammlung von Best Practices (Best Practice ist ein Modell, dass Erfahrungen von Organisationen systematisiert und unterschiedliche Lösungen vergleicht)[50], die über die ganze Bandbreite von IT-Service hinweg gefunden wurden und bietet einen systematischen Ansatz hinsichtlich der gelieferten Qualität von IT-Services, außerdem überblickt es die meisten wichtigen Prozesse in einer IT-Organisation und bietet eine detaillierte Beschreibung der laufenden Prozesse, enthält Checklisten für Aufgaben, Verfahren und Verantwortlichkeiten, die grundlegend wichtig für eine Organisation sind, um eine Anpassung der Bedürfnisse zu gewährleisten.[51]

ITIL wurde laut Schröpfer besonders für das Management für IT-Infrastrukturen entwickelt und betrachtet den Arbeitsablauf in der IT eines Unternehmens aus Providersicht, wobei der Aufgabenbereich im Internetservice, Telekommunikationsdienst, Druckerservice, Netzwerkdienst und Internetservice am Arbeitsplatz definiert wird.[52]

Nach dem ersten IT-Organisationsmodell wird nun das COBIT aus Sicht von Goltsche erläutert:[53]

Wie der Name bereits sagt, ist COBIT (Control Objectives for Information and related Technology) ein Kontrollziel für Informationen und Technologie und wurde im Jahre 1994 von der ISACF (Information Systems Audit and Control Foundation), einem Forschungsinstitut, entwickelt. Erst zwei Jahre später ist die erste Version erschienen

[49] Vgl. Bon/Jong et.al.(2008), S.7
[50] Vgl. Schlegl(2010), S.112
[51] Vgl. Bon/Jong et.al.(2008), S.7
[52] Vgl. Schröpfer(2010), S.76
[53] Vgl. Goltsche(2006), S.11

14

und anschließend, weitere drei Jahre später, also im Jahre 1999 wurde COBIT von dem IT-Governance Institut weiterentwickelt. Ursprünglich wurde COBIT als Methode zur Auditierung entwickelt, die eine anerkannte Methode ist, die Schwachstellen innerhalb eines Unternehmens beziehungsweise einer Organisation oder in einem Prozess zu analysieren.

COBIT liefert der IT-Governance eine Beschreibung der Kontrollziele für die IT-Prozesse. Kontrollziele sind gewünschte Ergebnisse bzw. Ziele eines Prozesses, welche mit Hilfe von Implementierung von Kontrollverfahren in einer bestimmten Aktivität erreicht werden sollen.

Ohne die Beachtung branchenüblicher und anerkannter IT-Standards wie COBIT und ITIL ist die Umsetzung von IT-Compliance (Unter IT-Compliance versteht man die Einhaltung von gesetzlichen Anforderungen und Informations- sowie Dokumentationspflichten mit Hilfe der IT, wobei die vorhandenen IT-Systeme im Unternehmen in der Lage sein sollen, die Identifikation aller Geschäftsvorfälle zu erfassen)[54] nicht möglich, da diese Organisationsmodelle nicht nur unbestimmte Rechtsbegriffe ausfüllen, sondern der Unternehmensführung helfen, den aktuellsten Stand der Technik für die zu erbringenden IT-Leistungen ausfindig zu machen und ihn demnach sicherzustellen.[55]

Es existieren eine Reihe verschiedener Standard-Referenzmodelle für IT-Prozesse, die das firmeneigene Prozessmodell entwickeln und die unterschiedlichen Schwerpunkte setzen.

CMMI (Capability Maturity Model Integration) beispielsweise ist ein Prozess-Framework und legt seinen Schwerpunkt auf die Prozessqualität und deren Verbesserung in Bezug auf Softwareentwicklung.[56]

BS 15000 / ISO 20000 heißt richtig „British Standard 15000", wurde von der BSI (British Standard Institution) entwickelt und hat seinen Schwerpunkt in der Qualität des IT-Service-Management, wobei dieser Standard Ende 2005 international anerkannt und in die ISO 20000 überführt wurde.[57]

[54] Vgl. Wecker/Laak(Hrsg.)(2009), S.152
[55] Vgl. itSMF/ISACA(o.V.)(2011), S.319
[56] Vgl. Karer(2007), S.19
[57] Vgl. ebda, S.19

4.2 Anwendungsbeispiele

Durch die immer mehr steigende Bedeutung der Informatik für Banken, Versicherungen, die Industrie und die Verwaltung, ist den eingesetzten Systemen und der Informationssicherheit ein hoher Stellenwert einzuräumen.[58]

Das erste Beispiel zeigt die IT-Organisation und die somit entstehenden Probleme und Einschränkungen im öffentlichen Sektor. Der öffentliche Sektor stellt an die IT-Organisation sehr hohe Anforderungen, denn sie ist nicht nur schwieriger und komplexer zu organisieren als in einem kleinen Unternehmen, sie verlangt auch mehr Kommunikation und Interaktion, was auf die hohe Komplexität der öffentlichen Entscheidungsprozesse aber auch auf die mangelnde Reife des Sektors zurückzuführen ist.[59]

Die englische Regierung hatte erkannt, dass administrative Abläufe der öffentlichen Verwaltung zunehmend von den Fachkompetenzen und Leistungen der IT-Abteilung abhängen, wodurch ein Notstand der IT-Technologie hervorgerufen wurde und somit das Modell ITIL entwickelt und angewendet wurde.[60]

Ein weiteres Praxisbeispiel der IT-Organisation ist die Bankenservice AG, welche von Beims wie folgt beschrieben wird:[61]

Die Bankenservice AG ist ein mittelständiger Dienstleister am Finanzmarkt mit weltweit etwa 5000 Mitarbeitern, wobei in Frankfurt am Main etwa 350 Mitarbeiter tätig sind.

Da die IT-Abteilung in diesem Unternehmen zentral betrieben wird, ist die Hälfte der Mitarbeiter in Frankfurt der IT-Abteilung zugeordnet. Die Verantwortung für die gesamte IT trägt auch in diesem Beispiel der CIO, der in diesem Unternehmen Mitglied der Geschäftsführung der Bankenservice AG ist. Der IT-Bereich ist in vier Fachbereiche gegliedert, in denen es jeweils einen verantwortlichen Fachbereichsleiter gibt. Die vier Fachbereiche gliedern sich in:

- Infrastruktur und Netzwerk
- Anwendungsentwicklung

---

[58] Vgl. Wallmüller(2004), S.41
[59] Vgl. Rüter/Schröder(2010), S.199
[60] Vgl. Elsässer(2006), S.12
[61] Vgl. Beims(2009), S.253

-   Rechenzentrumsbetrieb (inklusive aller Komponenten wie Server, Datenbanken usw.)
-   Clientbetrieb

Ein professionelles IT Service Management ist beispielsweise in der IT-Abteilung von Krankenhäusern besonders wichtig und nimmt stetig an Wichtigkeit zu, welches auch neben der IT-Organisation einer der Gründe für den betrieblichen Erfolg der Krankenhaus-IT in der Zukunft ist, was nach Schlegl auf unterschiedliche Gründe zurückzuführen ist:[62]

Das IT Service Management schafft eine Grundlage für eine Kontrolle und Bewertung der IT-Services, erhöht die Effizienz der Prozesse und ermöglicht eine langfristige Kostensenkung, erhöht die Qualität der IT-Leistungen, Probleme werden frühzeitig erkannt und es wird ein schlimmerer Verlauf dieser Probleme verhindert, ebenfalls bildet das IT Service Management den Zugang zum Kunden.

4.3 IT-Organisation als unumgängliche Unternehmensstrategie

Im letzten Abschnitt dieses Kapitels wird auf die IT-Strategie im Unternehmen eingegangen und deren Zusammenhang mit der Unternehmensstrategie.

Oft wird in der IT-Strategie nur auf laufende und geplante IT-Projekte eingegangen, obwohl gegenüber der Unternehmensstrategie ein Mehrwert zu sehen ist, deshalb ist es notwendig, die IT-Strategie an die Unternehmensstrategie anzulehnen und auf dieser Basis aufzubauen, wodurch folglich eine IT-Strategie entsteht mit folgenden Maßnahmen:[63]

-   Die IT-Strategie ist die Basis einer betrieblichen IT-Planung (dies beinhaltet zum Beispiel eine richtige Ressourcenverteilung für aktuelle IT-Projekte, eine Bemessung und Berechnung von IT-Investitionen und die Planung von bevorstehenden IT-Schulungen)
-   Die IT-Organisation wird angepasst

---

[62] Vgl. Schlegl(Hrsg.)(2010), S.139
[63] Vgl. Gadatsch(2005), S.24

- Neue Geschäftsprozesse werden hier erstellt (hier wird beispielsweise die Einführung eines neuen ERP-Systems geplant)
- Hier werden auch zukünftige IT-Projekte erfasst und die Priorisierung der einzelnen IT-Projekte wird festgelegt (hier wird zum Beispiel der Aufbau eines neuen Kundeninformationssystems geplant)

Folgende Problemstellung entwickelt sich in der Entwicklung der IT-Strategie:[64]

Die IT-Branche bietet heutzutage Lösungen, die dazu beitragen, Veränderungen im Unternehmen zu unterstützen, wobei es in vielen Branchen heute nicht mehr ausreicht, einfach die IT bei Veränderungen im Unternehmen anzupassen, sondern die IT muss sich langfristige Gedanken machen, wie die Unternehmensstrategie konstant unterstützt wird.

In der Praxis sieht das jedoch so aus, dass viele Unternehmen dazu neigen, aus den Anforderungen der einzelnen Fachbereiche im Unternehmen die erforderlichen Anpassungen der IT vorauszusetzen. Diese Vorgehensweise führt jedoch zu einer stetigen Unzufriedenheit gegenüber der IT und der IT-Organisation.

Die richtige Methode jedoch, Veränderungen im Unternehmen der IT anzupassen, würde so aussehen, dass es drei wichtige Phasen gibt, die bei Beachtung, einen reibungslosen Verlauf der Unternehmensstrategie sowie der IT-Strategie zur Folge haben.

In der ersten Phase werden geplante IT-Projekte unter Berücksichtigung interner und externer Einflussfaktoren in enger Anbindung an die Unternehmensstrategie von Fachleuten und der IT ermittelt.

In der zweiten Phase werden diese IT-Projekte von einem Business Case („Ein Business Case erörtert die Wirtschaftlichkeit eines Vorhabens in Form einer Prognose. Die Wirtschaftlichkeit wird vornehmlich durch die monetäre Bewertung von Kosten und Nutzen des Projekts und anhand von daraus abgeleiteten Kennzahlen gezeigt."[65]) analysiert und bewertet.

Im letzten Schritt werden diese in einen Umsetzungsplan oder auch „IT-Bebauungsplan" umgeschrieben und anschließend strategisch, unter Berücksichtigung beider Strategien, ausgeführt.

---

[64] Vgl. Keuper/Schomann/Zimmermann(Hrsg.)(2010), S.60
[65] Keuper/Hamidian et.al.(Hrsg.)(2010), S.102

Abb. 4: IT-Leistungssteuerung an der Unternehmensstrategie

Vision
Strategie

IT-Strategie

IT-Ziele

Key-Performance-Indikatoren
(KPIs)

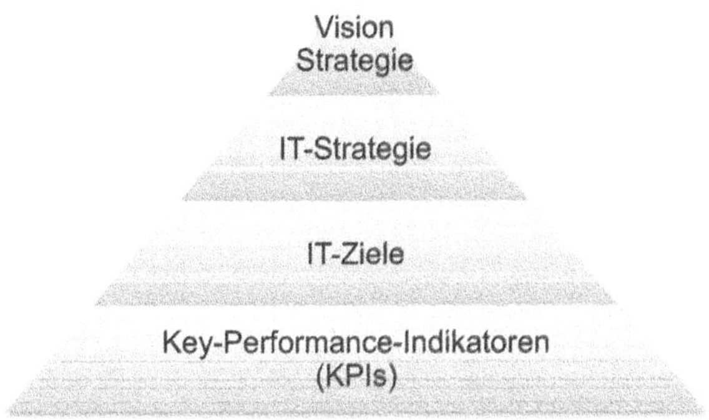

Quelle: Buchta/Eul/Schulte-Croonenberg(2009), S.130

In der oben gezeigten Abbildung 4 wird das IT-Management in vier Blöcken aufgeteilt, welche aufeinander aufbauen. Die Basis bilden die Key-Performance-Indikatoren, welche eine Erreichung der IT-Ziele mit Hilfe von Leistungsindikatoren messen. Darauf folgen die IT-Ziele, welche von der IT-Strategie konkretisiert werden. Der dritte Baustein, die IT-Strategie, wird anhand der Unternehmensstrategie erarbeitet. Die Visionsstrategie ist der letzte Punkt, welcher die Spitze und den letzten Baustein der Pyramide bildet, welche Ziele für ein Unternehmen definiert und den einfachsten Weg für diese Ziellösung beschreibt. Abschließend sieht man, dass jeder Baustein auf den anderen aufbaut. Sobald einer wegfällt, kann ein reibungsloses IT-Management nicht gewährleistet werden.

Die Key-Performance-Indikatoren werden laut Beckmann wie folgt definiert:[66]

Die KPIs wurden zur Steuerung von Distributionsnetzwerken entwickelt, welche in kostenorientierten und leistungsorientierten KPIs unterschieden werden. Um eine Gesamtübersicht zu ermöglichen, wurden alle KPIs in einen Kennzahlenbaum aufgezeigt und in Bestandskosten, Lieferzeiten, Planungs- und Prognosequalitäten, Liefertreue der Werke und Lieferanten in Kosten- und Leistungsbereiche untergliedert.

---

[66] Vgl. Beckmann(Hrsg.)(2004), S.257

4.4 Zukunft der IT-Organisation

IT-Organisationen müssen sich Veränderungen anpassen können, um eine Wettbewerbsfähigkeit aufrecht zu erhalten, vor allem, weil die Nachhaltigkeit zu einem wichtigen Punkt für die Unternehmenssteuerung wird.[67]

Folgender Abschnitt zeigt die Zukunft der IT-Organisation nach Meinung von Holtschke/Heier/Hummel:[68]

Zukünftig gesehen hat die IT-Organisation einen immer höheren Stellenwert in den einzelnen Unternehmen, da Geschäftsprozesse ohne informationstechnologische Unterstützung nicht mehr möglich sind, was wiederum bedeutet, dass ein Unternehmen um die IT herum wächst, dennoch tritt des Öfteren die Problematik auf, dass meist nach verspäteter Realisierung, die IT-Organisation nicht nur für die Überwachung und den reibungslosen Ablauf einzelner Geschäftsprozesse zuständig sein sollte, sondern auch an der direkten Entwicklung mitwirken sollte.

Aus diesem Grund ist der bereits erwähnte Fall für eine moderne IT-Organisation inakzeptabel, da die Zielsetzung der IT ist, generell einen großen Anteil an einem Unternehmenserfolg zu haben. Um solche Erfolge und gute Zusammenarbeit zu gewährleisten, muss die IT-Organisation ein verlässlicher und guter Partner der Unternehmensleitung sein und gleichzeitig auch von der Unternehmensleitung wahrgenommen werden, um neue informationstechnologische Organisationsstrukturen und Organisationsprozesse auszurichten.

[67] Vgl. Keuper/Neumann(Hrsg.)(2009), S.434
[68] Vgl. Holtschke/Heier/Hummel(2009), S.91

5 Resümee und Ausblick

Im Zuge der Recherche mit dem Thema der IT-Organisation ist klar geworden, wie komplex sich die Thematik der IT in einem Unternehmen gestaltet. Es ist von großer Relevanz die IT-Organisation ganzheitlich zu betrachten und als einen zyklischen, nie abgeschlossenen Prozess zu erkennen, wobei die einzelnen Teile immer voneinander abhängen und einander bedingen.

Wie bereits durch Fröhlich/Glasner auf den Punkt gebracht ist die Wahl der richtigen Organisationsform ebenfalls von großer Bedeutung, wobei die Organisationsstrukturen (zentral/dezentral, intern/extern) und der empfohlene Reifegrad die Organisationsform bestimmen.[69]

Im Endeffekt gibt die IT-Organisation den organisatorischen Rahmen vor, der dabei helfen soll IT-Prozesse zu strukturieren und bei Grundsatzentscheidungen in der IT-Abteilung zu helfen. Ihre Aufgabe besteht im Allgemeinen darin, Geschäftsprozesse in einem Unternehmen mit Hilfe von informationstechnologischer Unterstützung zu gewährleisten und aufrecht zu erhalten. Im Speziellen sind die Aufgaben der IT-Organisation in strategische, taktische und operative unterteilt, wobei diese je nach Unternehmen mehr oder weniger vorhanden sind.

Bei der Beschäftigung mit den Bestandteilen der IT-Organisation ist klar geworden, dass beide große Bereiche (zentrale und dezentrale IT-Organisation), jeweils Vor- und Nachteile haben.

Ebenfalls wichtig ist in allen Fällen eine effiziente und klar entwickelte Struktur bei der intensiven Fokussierung der Unternehmensziele. Die IT-Organisation ist dafür verantwortlich die Infrastruktur und die Services zu überwachen. Auch das Leistungsangebot der IT-Organisation wird nicht lediglich einmalig beschlossen, sondern immer wieder überprüft und angepasst. Die IT-Organisation sollte serviceorientiert sein und eine individuelle kundenangepasste Betriebs-, Wartungs- und Supportleistung erbringen, welche in einem Leistungskatalog genau definiert sein sollte.

In der Praxis sind die derzeit bekanntesten und am meisten vertretenen Referenzmodelle der IT-Organisation ITIL und COBIT, wobei ITIL noch etwas weiter verbreitet ist.

---

[69] Vgl. Fröhlich/Glasner(2007), S.145

Den eingesetzten Systemen und der Informationssicherheit ist ein immer höherer Stellenwert einzuräumen, da die Bedeutung der Informatik für Banken, Versicherungen, die Industrie und die Verwaltung immer weiter wächst und die auf uns zukommende Entwicklung nicht nur nicht abgeschlossen ist, sondern noch gar nicht abzusehen. Probleme und Einschränkungen wurden bei dem Anwendungsbeispiel, das die IT-Organisation im öffentlichen Sektor behandelt hat, veranschaulicht. Der öffentliche Sektor stellt nämlich sehr hohe Anforderungen an die IT-Organisation, da dieser schwieriger und komplexer als ein kleines Unternehmen zu organisieren ist und zudem noch eine verstärkte Kommunikation und Interaktion erfordert, weil öffentliche Entscheidungsprozesse sich als sehr komplex darstellen und der Sektor eine mangelnde Reife aufweist.

Vorausschauend lässt sich sagen, dass sich IT-Organisationen Veränderungen anpassen können müssen, um eine Wettbewerbsfähigkeit aufrecht zu erhalten, weil die Nachhaltigkeit zu einem immer wichtigeren Punkt für die Unternehmenssteuerung wird. Geschäftsprozesse sind ohne informationstechnologische Unterstützung nicht mehr möglich, sodass die IT-Organisation einen immer höheren Stellenwert erhalten wird.

Eine enge Zusammenarbeit mit der Unternehmensleitung ist dabei unerlässlich und muss stetig verbessert werden.

Literaturverzeichnis

Andenmatten, Martin(Hrsg.)(2008): ISO 20000. Praxishandbuch für Servicemanagement und IT-Governance. Düsseldorf: Symposion Publishing GmbH 2008

Badertscher, Kurt/Gubelmann, Josef/Scheuring, Johannes(2006): Wirtschaftsinformatik Grundlagen: Informations- und Kommunikationssysteme gestalten. Grundlagen mit zahlreichen Illustrationen, Beispielen, Repetitionsfragen und Antworten. Zürich: Compendio Bildungsmedien AG 2006

Badertscher, Kurt/ Scheuring, Johannes(2007): Wirtschaftsinformatik: Entwicklung und Implementation eines Informations- und Kommunikationssystems. Methoden, Prozesse und Technologien mit zahlreichen Illustrationen, Beispielen, Repetitionsfragen und Antworten. Zürich: Compendio Bildungsmedien AG 2007

Baume, Matthias(2009): Computerunterstützte Planspiele für das Informationsmanagement. Realitätsnahe und praxisorientierte Ausbildung in der universitären Lehre am Beispiel der „CIO-Simulation". Norderstedt: Books on Demand GmbH 2009

Beims, Martin(2009): IT-Service Management in der Praxis mit ITIL® 3. Zielfindung, Methoden, Realisierung. München: Carl Hanser Verlag 2009

Bon, Jan van/Jong, Arjen de et al.(2008): Eine Management Guide. Service Strategy basierend auf ITIL V3. Zaltbommel: Van Haren Publishing 2008

Compendio-Autorenteam(o.V.)(2009): Informatik für technische Kaufleute und HWD. Grundlagen mit Beispielen, Repetitionsfragen und Antworten sowie Übungen. Zürich: Compendio Bildungsmedien AG 2009

Deekeling, Egbert/Arndt, Olaf(2006): CEO – Kommunikation. Strategien für Spitzenmanager. Frankfurt am Main: Campus Verlag GmbH 2006

Elsässer, Wolfgang(2006): ITIL. Einführen und Umsetzen. Leitfaden für Effizientes IT-Management durch Prozessorientierung. 2. Auflage. München: Carl Hanser Verlag 2006

Friedag, Herwig R./Schmidt, Walter(2007): Balanced Scorecard. 3. Auflage. Planegg/München: Haufe Verlag GmbH & Co KG 2007

Fröhlich, Martin/Glasner, Kurt(Hrsg.)(2007): IT Governance. Leitfaden für eine praxisgerechte Implementierung. Wiesbaden: GWV Fachverlage 2007

Gadatsch, Andreas(2005): IT-Controlling realisieren. Praxiswissen für IT-Controller, CIOs und IT-Verantwortliche. Wiesbaden: GWV Fachverlage GmbH 2005

Goltsche, Wolfgang(2006): COBIT kompakt und verständlich. Wiesbaden: GWV Fachverlage GmbH 2006

Guserl, Richard/Pernsteiner, Helmut(Hrsg.)(2004): Finanzmanagement in der Praxis. Wiesbaden: GWV Fachverlage GmbH 2004

Hannabarger, Chuck/Buschman, Rick/Economy, Peter(2008): Balanced Scorecard für Dummies. Das Kennzahlensystem für bessere Geschäftsprozesse und höhere Umsätze. Weinheim: Wiley-VCH Verlag GmbH & Co. KGaA 2008

Holtschke Berhnhard/Heier, Hauke/Hummel, Thomas(2009): Quo Vadis CIO. Berlin/Heidelberg: Springer-Verlag 2009

itSMF/ISACA(o.V.)(2011): ITIL-COBIT-Mapping. Gemeinsamkeiten und Unterschiede von ITIL V3 und COBIT 4.1. 2., aktualisierte Auflage. Düsseldorf: Symposion Publishing GmbH 2011

Kalkowski, Peter/Mickler, Otfried(2009): Antinomien des Projektmanagements. Eine Arbeitsform zwischen Direktive und Freiraum. Berlin: Edition Sigma 2009

Karer, Albert(2007): Optimale Prozessorganisation im IT-Management. Ein Prozessreferenzmodell für die Praxis. Berlin/Heidelberg: Springer Verlag 2007

Keuper, F./Hamidian, K. et.al.(Hrsg.)(2010): transformIT. Optimale Geschäftsprozesse durch eine transformierende IT. Wiesbaden: GVW Fachverlage GmbH 2010

Keuper, Frank/Neumann, Fritz(Hrsg.)(2009): Wissens- und Informationsmanagement. Strategien, Organisation und Prozesse. Wiesbaden: GVW Fachverlage GmbH 2009

Königs, Hans-Peter(2009): IT-Risiko-Management mit System. Von den Grundlagen bis zur Realisierung – Ein praxisorientierter Leitfaden. 3., überarbeitete und erweiterte Auflage. Wiesbaden: Vieweg + Teubner 2009

Krallmann, Hermann/Schönherr, Marten/Trier, Matthias(2007): Systemanalyse im Unternehmen. Prozessorientierte Methoden der Wirtschaftsinformatik. 5. Auflage. Oldenbourg: Wissenschaftsverlag GmbH 2007

Kuhlin, Bernd/Thielmann, Heinz(Hrsg.)(2005): Real-Time Enterprise in der Praxis. Fakten und Ausblick. Berlin/Heidelberg: Springer Verlag 2005

Masak, Dieter(2006): IT-Alignment. Berlin/Heidelberg: Springer Verlag 2006

Rüter, Andreas/Schröder, Jürgen et.al.(Hrsg.)(2010): IT-Governance in der Praxis. 2. Auflage. Berlin/Heidelberg: Springer Verlag 2010

Scheer, August-Wilhelm(Hrsg.)(1998): Neue Märkte, neue Medien, neue Methoden-Roadmap zur agilen Organisation. 19. Saarbrücker Arbeitstagung 1998 für Industrie, Dienstleistung und Verwaltung. Heidelberg: Physica-Verlag 1998

Schlegl, Helmut(Hrsg.)(2010): Steuerung der IT im Klinikmanagement. Methoden und Verfahren. Wiesbaden: Vieweg + Teubner 2010

Schröpfer, Christian(2010): Das SOA-Management-Framework. Gito Verlag 2010

Skrzipek, Markus(2005): Shareholder Value versus Stakeholder Value. EinVergleich des US-amerikanischen Raums mit Österreich. Wiesbaden: GWV Fachverlage GmbH 2005

Strüver, Sven-Carsten(2006): Standard-basiertes EAI-Vorgehen am Beispiel des Investment Bankings. Berlin: Gito Verlag 2006

Wallmüller, Ernest(2004): Risikomanagement für IT- und Software-Projekte. Ein Leitfaden für die Umsetzung in der Praxis. München/Wien: Carl Hanser Verlag 2004

Wecker, Gregor/Laak, Hendrik van(Hrsg.)(2009): Compliance in der Unternehmerpraxis. 2. Auflage. Wiesbaden: GWV Fachverlage GmbH 2009

Wind, Martin/Kröger, Detlef(Hrsg.)(2006): IT in der Verwaltung. Berlin/Heidelberg: Springer Verlag 2006

Winkelhofer, Georg(2005): Management- und Projekt-Methoden. Ein Leitfaden für IT, Organisation und Unternehmensentwicklung. 3. Auflage. Berlin/Heidelberg: Springer Verlag 2005